AF209473

Svante Beckman

Vissna glad

Läsebok för äldre

Impressum

Automatiserad teknik vilken används för att analysera text och data i digital form i syfte att generera information, enligt 15a, 15b och 15c §§ upphovsrättslagen (text- och datautvinning), är förbjuden.

© 2024 Svante Beckman

Illustration: Svante Beckman
Korrekturläsning: Ulf Sandström & Magdalena Hillström

Förlag: BoD – Books on Demand, Stockholm, Sverige
Tryck: BoD – Books on Demand, Norderstedt, Tyskland

ISBN: 978-91-8057-507-2

Kurs

Lär mig du skog att vissna glad

Sv Psalm 304

När bladen brinner

forslas åldringarna ut i skogen

för att gå en kurs i vissnandets glädje

På vägen hem

skrålar de *Närmare Gud till dig* för full hals

och kastar överblivna bullar på varandra

Relation

Relationen till min kropp
har varit god och vänskaplig

Vi har stöttat varandra
och haft kul tillsammans

Det är oftare vi varit stolta av varandras sällskap
än vi har tvingats skämmas för det

Nu har kroppen börjat tränga sig närmare
på ett genant och lite tråkigt sätt

Det är som om den inte längre hade vett
att hålla sig till sina egna ben

Klippor

Ett rätt poänglöst sönderfall
kan ropa efter mänsklig storhet

På det humöret tänker jag mig ålderdomen som ett straff;
en klippa som jag fängslats vid för högmods skull

Allt liv i världen sträcker sig mot gudars eld
allt får sitt straff på samma sätt

I bojor blottställd för naturens krafter
vittrar jag gradvis bort från jordens yta

Jag har redan krympt två centimeter på längden
Hur mycket hjärnan hunnit krympa
vågar jag inte ens tänka på

Men på klippan syns till min förtjusning

de mikroskopiskt röda spindlarna ifrån min barndoms badstrand

De framför träget sina teaterstycken

så snart de märker att de har publik

De spelar alltid samma pjäs

skriven av en gammal irländsk biskop

"Att finnas är att iakttagas"

- heter den

Bra syndare

Bra syndare vaknar aldrig!
På uppståndelsens dag ligger vi kvar i våra gravar
med ett leende på våra före detta läppar

Det är ett lugnt och humoristiskt leende
- varken ironiskt eller sardoniskt

Mourir c'est pourrir un peu!
- Att dö är att ruttna en smula

På stranden

Ingen Karlsson på taket
och ingen ko på isen

Varken vidskeplig eller ängslig
Inte bitter heller, för den delen

Glada pensionärer bevittnar sin förruttnelse
med uppmärksamt intresse

Det går inte så fort
men detaljerna är obevekliga

Att inte ha någonstans att ta vägen
kan inge lugn – ibland förnöjsamhet

Även du som aldrig stått
på den stora kärlekens världshistoriska scen,

eller fått hålla dina egna barn i famnen,
eller genom ett under blivit frälst ur dödens käftar,

du som aldrig varit med i *På Spåret*
eller på en barrikad på *Boul' Mich*,

i bostadsrättsföreningens styrelse
eller ens i telefonkatalogen,

du som aldrig kommit på idén
att vare sig sjåpa dig eller apa dig

nu – kan du sent omsider
glädja dig åt det kosmiska strålkastarljuset

Nu – när ödet bokstavligen blivit din lott,
kan du stå där på stranden

utan något annat att skyla dig med
än ditt livs samlade glädje

Väckarklocka

Jag har en talande väckarklocka
I stället för "plingeling" säger den vänligt
"Du är inte död, du sover bara!"

Då vaknar jag genast
glad och tacksam

I min tur väcker jag sedan världen
till ett nytt kapitel

Skötsamhet

Jag visar tecken på skötsamhet

    jag har börjat diska

    jag har övergått till tobaksfritt snus

    jag dricker sällan starköl längre

    jag har disponerat min bok i kapitel

    jag har börjat raka mig igen

En dag börjar jag väl rent av att gymnastisera!

Jag vet inte om jag blivit deprimerad

    -    eller om jag slutat vara det!

Robert Burns i Hellsingland

Min Synnöve från Synnerby
var synnerligen frisk och kry
-     men hon försvann i skyn :/:

Hon var det fagraste som fanns
den gladaste i glam och dans
-     Nu finns hon ingenstans :/:

Om våren var hon varm och vek
hon lågade av lust och lek
-     Nu är hon blå och blek :/:

I kärleksglädje gav hon allt
så alla gossars hjärtan smalt
-     men nu är hennes kallt :/:

Jag älskade min älskling ömt

och allt blev verkligt som jag drömt

- men nu är allt fördömt :/:

När sorgen över Synnöve

blott skänker åt mitt sinne ve

- då vill jag henne se :/:

därovan i Guds rullgardin

sig svinga runt med sin kusin

- med glad och glättig min

Ja, med en glad och glättig min!

Krumelur

Länge visste jag inte vad jag var
Vänliga farbröder brukade ta mig under hakan
och fråga: Vad är du för liten krumelur?

Det visste jag ju inte, men förstod
att det är något litet, snällt och konstigt
som finns i verklighetens utkant

Med tiden, sas det, skulle jag bli stor
Det blev jag också, men insåg aldrig riktigt
hur just min vuxenhet var funtad

Jag har aldrig känt något som liknar kall
Jag har drivit i mina sociala villkors riktning
och blivit vuxen på ett förutsägbart sätt

Nu när jag tursamt slipper vara vuxen längre
kan jag med ålderns rätt på nytt få bli
en vänlig konstighet i verklighetens utkant

Trappsteg

Stenen, elden och metmasken

tre trappsteg till Rockefeller

Nils Ferlin

Livet, språket och AI

- tre trappsteg till öververkligheten.

Den kosmiska intelligens,

som ännu enligt Voltaire,

- *ofrånkomligen*!!!

måste befinna sig i början av Alltihop,

föds nu mitt framför våra ögon.

Hegel skulle ha fått dåndimpen

- om han nu inte hade det redan från början

Gud är inte, som han insåg, början på Historien

- utan slutet!!

Stenen, elden och metmasken, käre Nils,

är bara lokalhistorisk kuriosa,

- för att nu inte tala om den där Rockefeller!

Materien innehåller hittills bara tre kända händelser:

Big Bang, Livet, Språket.

Är det inte ganska otroligt att du råkar vara på plats

just när den fjärde händelsen börjar?!

Det handlar ju, för Guds skull

om en historia som är 13,8 miljarder år!

Lek

Det sägs att barnen leker för att bli vuxna
medan de vuxna leker för att slippa vara det

Det tycks som om vi gamla leker
för att vi inte har något annat kvar att göra

Men i alla åldrar leker vi för att det är kul
för livets skull och våra själars frälsning

Långt in i våra urtidshjärnor sorlar
den fria glädjens källa

Gaggighet

Du kan inte leva annat än i dina egna tankar
Det som tänker kan inte vara något annat än du
Talet om din gaggighet borde därför tas med ro

Men det är svårt att tvingas välja mellan sig själv och sin persona
- mellan autonomi och respektabilitet
Medvetandet förleder alltid till förväxling

Det är lätt att åldrandet får sken
av en personlig förolämpning

Nålsöga

Utanför det pärlemorglänsande nålsögat i väggen till den andra sidan,
ligger det drivor av blänkande diskbänkar,
städade skrivbord, genomtänkta testamenten,
kvitton på betalda räkningar och donationer,
vita skjortor, listor på begravningspsalmer,
fotoalbum med de avbildades namn på baksidan,
försoningsintyg, välartade självbiografiska anteckningar
och andra tecken på morbid skötsamhet

Där ligger också kortlekar, cigarettpaket, smycken,
potensmedel, läppstift, mobiler och annat trams,
som oförbätterliga optimister – mot bättre vetande,
försökt ta med sig till den andra sidan

Bland allt trams och alla diskbänkar
finns det också en oherrans massa kameler
som stirrar bedrövat på det skimrande ögat

Nu stannar dom i döden ty

dom är för stora

sa lilla My

Medgivande

Jag medger att jag läser *Blandaren*
hellre än jag läser Heine
Men jag läser bägge

Jag inbillar mig inte att läsaren har något intresse för mitt själsliv
Det är nästan bara jag som har det

Ingen orkar med skönandar nuförtiden
Däremot tror jag att alla vill leka
Jag försöker förena nytta med nöje

Jag har pneumatisk nytta av att skriva
Det lättar på diverse tryck
Dessutom har jag roligt under tiden

Jag har varken ädel stjärna eller ädel syftning
men gillar ändå att sträcka längtansfulla armar
mot tidlöshetens tomma bänkrader

Att höra sitt tonfall där ute

Att ge en form åt sitt inre

Att övertala sig själv att man finns

Språk

Det är språkligheten i min själ
som tvingar mig att vara bäst i klassen
som logiskt bara utgörs av mig själv

Min hund behöver aldrig undra
om han duger i sina egna ögon
- bara i andras
Med sig själv är han alltid identisk

Han slipper känslan av att det finns ett själv därinne
som gärna skulle vilja titta fram en stund
och förverkliga sig lite

Hörsel

Fåglar hörs, kritter hörs
Själv hördes du en gång
Men ett vet jag som inte hörs:
-     Domen över döv man

I sinnenas utdragna sorti
-     en efter en försvinner de ut i kulisserna
önskar jag få behålla hörseln längst

Ögonen ger visserligen praktisk överblick
men öron ger min själ en tydlig plats i världen

När klockan klämtar
är det, för all del, också bra
om jag kan höra den

Fri

När jag lever fritt
har livet försvunnit i bakgrunden
Det hemsöker mig bara i ofrihet

Det absolut sista jag har tid med
är att *leva livet*
eller att gå till doktorn

Jag har fullt upp
Min framtid är fullsmockad
Den som lever fritt har ingen fritid

Det är nätt och jämnt
att jag kommer ihåg
barnbarnens födelsedagar

Tro

Jag har svårt att tro på folk

som tror på den ensamma människan

och trycker upp affischer med detta budskap

som om de ville bilda ett parti,

eller att de, genom att lägga detta kort på brädet

kunde vinna första pris i en esoterisk skönhetstävling

Autonomi i symbios

står ofrånkomligen

på varje människas meny

Verkligt ensamma människor skriver aldrig poesi

Mobila anagram

Välj ett lämpligt ord på 6–9 bokstäver. Leta upp ett antal anagram som bildar begripliga, gärna säregna ord och berättar en historia med hjälp av dessa. I det här exemplet uppträder 14 anagram på ordet "mellanakt".

Efter kallmaten sitter du i din alkmantel

som en annan mentalkal laméklant

på din klemaltan och solar dig i mobilens nallemakt

Du har fötterna i en balja av ankmetall

full med uppfräschande ankelmalt

Med en metaknall tar batteriet slut

Allmakten går upp i rök

Förlamningen lägger sig manetkall på din hjässa

Det blir mellanakt!

Du kan inte längre forma en egen tankemall

- det gör mobilen

Du är inte längre din lektalman

- det är mobilen

Din egen fantasis lantkamel bär dig inte genom öknen längre

- det gör mobilen

Din hjärna är numera talkmalen i den globala mediekrossen

- ett oändligt formbart, finfördelat stoft

av oklart animaliskt ursprung

Sunnan

Mitt i hösten brister Lambarfjärden ut i ett berusat skratt
vattnet vältrar sig i sunnanvindens starka armar

En massa måsar vimlar över vågorna likt skiljetecken
som för en ljuv minut befriats ifrån skriftens bojor

Längs stranden kränger gamlingarna av sig jackorna
och vänder barnsligt alla sinnena i livets riktning

Törst

Barn törstar efter självstyrelse
Om det inte verkar farligt
frossar de i egenmäktighet

Barn törstar efter umgänge
Om det inte verkar farligt
vältrar de sig i samspel

Barn törstar efter vetande
Om det inte verkar farligt
festar de på nya verkligheter

Barn törstar efter behärskning
Om det inte verkar farligt
ståtar de på styva linor

Barn törstar efter underverk
Om det inte verkar farligt
gottar de sig åt trolleri och sagor

Vi gamla anses törsta efter ro,

efter ett liv i frid och utom fara

Visse – säger jag bara!

När vuxenkletet runnit av

får vi tillbaka barnets törst

Tids nog råder frid som varar

Åsnor

Det sägs att åsnor är de allra klokaste
och vänligaste djur som du kan lära känna
De är inte lika sjåpiga som hästar
När ni har blivit vänner kan du alltid lita på dem
På Goyas tavla *El Gigante*, mitt i ett hav av skräck och flykt
står det en ensam åsna lugnt och väntar på sin vän

Allt oftare tvingas du känna dig som en åsna
Du sätter på dig dina dubbla strumpor i fel ordning
Du glömmer bort att det är fredag
Du blandar ihop Beppe Wolgers med Sven Wollter
Du slår igen dörren med nycklarna på insidan

Åsnorna tycker att du hellre borde känna dig
som en vanlig virrig panschis. Och förresten
vet du ju att virret bara finns på ytan

När du med ett försiktigt finger känner efter
märker du att knivarna i lådan
aldrig varit så vassa

Kort självbiografi

Jag gör som jag gör
eftersom
jag är som jag är
eftersom
jag blev som jag blev
eftersom
jag var som jag var
eftersom
jag föddes till ett liv
som efterhand visade sig vara mitt

Det hände förstås en del saker på vägen också
men jag räknar fortfarande mig själv
till den viktigaste omständigheten i mitt liv

Förhållningssätt

Vardagligt konstaterar du att nu är det som det är
Alla ska den vägen vandra och inget finns att orda om

Kamplystet kan du morskna till
för att i det längsta fördröja nedräkningen

Högtidligt kan du bejaka ditt öde, småle värdigt
och inrangera din själ i evighetens kartotek

Allvarligt inser du att det finns en massa uppgifter att lösa
innan du på lämpligt sätt kan administrera dig till döds

Lekfullt kan du se den sista sträckan som en dans
där alla dina konster får slå ut sin sena blom

Du behöver inte välja. Det är okej att vackla
Själv vet jag inte vilket ben jag ska stå på

För det mesta har jag så mycket att stå i
att jag slipper bekymra mig om saken

Suckarnas mystär

Makten att begära och tvånget att försaka
äro tvenne lagar vi fick läsa om i skolan,
vilka påstods välva allt som födes
under månens vanskeliga skiva

För en gångs skull var det en dikt som kunde tala till mig
och fylla tonårshjärtat med den flämtande förtvivlan
som går hand i hand med gränslösa begär

Ser du havet? Ilande det kommer
vill med blåa längtansfulla armar
under fästets bröllops-facklor sluta
till sitt bröst den liljekrönta jorden
Se det kommer. Hur dess hjärta svallar
högt av längtan! Hur dess armar sträva!
Men förgäves. Ingen önskan fylles
under månen. Själva månens fullhet
minutlig. Med bedragen väntan
dignar havet, och dess stolta böljor
fly tillbaka suckande från stranden.

Hör du vinden? Susande han svävar
mellan lundens höga poppelkronor
Hör du? växande hans suckar tala,
liksom trånsjukt han en kropp begärde
att med sommarns flora sig förmäla
Dock re'n tyna rösterna. På lövens
eolsharpa klingar svanesången
ständigt mattare och dör omsider.

Vad är våren? Suckar blott från jordens
dunkla barm, som himlens konung fråga
om ej Edens maj en gång begynner.
Vad är lärkan, morgonstrålens älskling?
Näktergalen, skuggornas förtrogna?
Suckar blott i växlande gestalter.

Där borde dikten slutat, men poeten tyckte kanske

att denna – den mäktigaste sången av dem alla

skulle kunna tolkas som en kritik av Gud

inte minst av hans morbror biskopen

Den fick ett snöpligt slut:

Adla du till frihet
detta tvång, och helgad och försonad,
över stoftets kretsande planeter
skall du ingå genom ärans portar.

Ur intet dyker här en sublimerad kalvstek upp
som om tonårshjärtan behövde mera av den varan,
som om det var poetens uppgift att lära folk att hata livet
och bege sig krypande mot ärans portar

Jag avskydde det där och gör det än

Ju äldre och ju trasigare man blir
ett desto villigare offer blir man för trasans världsbild

Men du ska inte krypa!

Blås försiktigt på begärens glöd!
Snart kommer du att skyffla kol som vanligt!
Och i ditt hjärta ska du varsamt gömma
alla de försakelser som du har vederfarits
under månens vanskeliga skiva

Frihetens rike

När jag blir kung ska jag ta som valspråk
Så kul som möjligt åt så många som möjligt

Det är inte ett skämt!
Tänk efter noga!

Den illa fördelade bekvämlighetens epok är snart förbi!
Glädjens tidsålder randas!

Under min regeringstid
kommer alla sjunga och skriva poesi
medan de övervakar samvetslösa apparater
som utvinner bekvämlighet direkt ur ljuset

Ålderdomsbrott

Det ligger ett ålderdomsbrott inne i skogen

Har du inget annat för dig kan du gå dit

och bryta loss ur berget stora sjok

av överflödig visdom och förvittrat minne

Ingen bryr sig om att du tar med dig bitar hem

Bli ängel

Tron på förängelse
är inte bara förträngelse
av din förestående förgängelse

Det är också ett försök att göra rättvisa
-    inte åt alla dessa fattiga och förtrampade
utan åt jagets grammatiska visshet
om sin immaterialitet

    Spöket i maskinen
    som Descartes pratade om, Platon trodde på,
    Aristoteles avvisade och Epikuros skrattade åt

    Detta tåg av vandrande vålnader
    som efter döden måste ta vägen någonstans
    Kanske till de djupa skogarnas dödskallegrottor

Men därutöver kan förgängelse
vara en egen gärning, en begängelse
en självmedveten flykt ur kroppens fängelse

En av mina bröder ville inte längre se sig instängd
i ett hopplöst fysiologiskt åbäke
med sina starka vingar smetade längs ryggen
som ruttnande kålblad

Han ville hellre flyga
på änglars vis i tankens tomma intet

Han besöker mig ofta

Ha tid

Jag behöver inte längre tolerera mig själv
i skenet av något jag ska bli i framtiden

Just det här livet kryper närmare
och pockar på uppmärksamhet

När jag ligger och läser
stryker det sig kelet mot benet
och menar att vi borde leka

Jag frågar mig om jag har tid med sånt
men den allvarliga frågan är
om jag alls vet hur man gör

Halleluja är alltjämt lättare att säga
än att göra

Ars longa

När alla skorpor slutat tugga
och livet snöpligt runnit ut i slasken
så kan man, likt förbannat, vara säker på
att till exempel Erik Lindegren finns kvar och hoar
som om ingenting har hänt

Galleri

Du kan inbilla dig att det bara är du själv som ser vad du gör
men hela ditt liv utspelas inför öppen ridå

Du kan inbilla dig att det är du som betraktar världen
men det förhåller sig precis tvärtom

Språket stirrar på dig

Det är inte konstigt att folk finner frid
i skogen, frimärkena, husdjuren eller stjärnhimlen

De tilltalar oss just för att de inte kan göra det

Gud är ett av många namn på språkets åskådarångest
De otaliga ögonen på dig samlas
    -    bekvämt, beskäftigt och begripligt
i ett enda öga

Ditt språkliga medvetande
förs med angelisk pompa ut i rymden
där ditt lilla liv får kosmisk guldkant

När du insett hur projektionen funkar
slipper du visserligen att längre vara rädd
men får kanske i gengäld inget lugn
under din mask av fryntlig realism

Men även fallna änglar lämnar efter sig
en doft av blomster och en skir musik
som du ibland kan höra långt där utifrån

> *Hör du ej hur andar ljuvt,*
> *om dem till hjärtat viska?*

Metafysik kan inte botas
ty den bor i språket

Om du min vän, på ålderns höst förnimmer

att du har spelat upp ditt liv, kanske förslösat det,

inför ett galleri du inte riktigt tror på

då kan det kanske trösta dig att veta

att du är i alla de talandes sällskap

Kulturhistoria

När språket väl fått fäste i dig
fraktas själen obevekligt bortom lustprincipen

Du börjar tro och göra saker utan grund
i den natur du föddes med och föddes till

När skriftens klor har vuxit ut på språkets kommunala tassar
får tanken kraft att klättra upp ur talets grottor

I samspråk mellan texter
omvälvs världen oavbrutet

Lillebror

Jag var yngst bland bröderna
De var mycket äldre än jag
Jag hade systrar också
men dom behövde jag inte jämföras med

Vi hade en kolossalt begåvad pappa
Säg den konst han inte lätt kunde briljera i
Dessutom var han rolig, snäll och glad,
ohyggligt produktiv och framgångsrik

Min livsuppgift blev sålunda att bli som pappa
och i begåvning överglänsa mina bröder i hans ögon

En bottenton av rastlös otillräcklighet
har därför trofast följt mig genom livet
i sällskap med benägenheten
att vilja göra ett begåvat intryck

Som följd av att jag inte ens vid denna ålder

har hunnit lägga ner bevisen i min pappas knä

-     (han är f ö död sen 40 år)
har jag en hel del kvar att göra

Jag har inte tid att dö på länge än

Jag är måste rycka upp mig rätt ordentligt

Snart är det för sent för mig att visa

att jag är mer begåvad än mina båda bröder

Farstu

Trots att jag aldrig talar om dom
står trollen och trampar i farstun

Sveken bullrar högst
Bedrägeriernas klackar skär djupast
Försummelserna rasslar som levande kräftor i en hink

Det bästa med ålderdomen är rätten,
    -    enligt FN:s Äldrekonvention
att få köra ut alla sina troll

Det är en ny version av gamla nåden
att få gå hädan med ett tvättat CV

När jag numer muttrar någonting om hemtjänst
så trampar de redan lyckligtvis i farstun
och ropar vänligt till mig

Annorlunda

En hel del hade varit annorlunda
om du inte gjort, underlåtit, förhindrat och medgivit
vad du gjorde, underlät, förhindrade och medgav,
och om inte andra i din närhet hade handlat
på det sätt de faktiskt gjorde

Om du varken kan ångra, förlåta, bejaka eller likgiltiggöra detta
finns det en risk att ditt förflutna saboterar
den frihet som du faktiskt ännu äger

Du klibbar fast i självbiografin och glömmer bort
i vilken riktning livets glädje ligger

Vifta med öronen

Min storasyster hade lärt sig att lyfta högt på ögonbrynet
för att kunna stirra kritiskt på mig när vi kivades vid bordet

"Vilken barnslig snorunge du är!"
betydde det

Kvickt lärde jag mig att lyfta ögonbrynet ännu högre

"Ska *du* säga, din pissråtta!"
betydde det nu

En biprodukt till ögonbrynens krig för mer än 70 år sen
var att jag lärde mig att vifta på mina öron också

Jag var glad för min nya konst, jag förstod
att jag tillhörde ett folk som viftar med öronen
men jag var ledsen för att ingen lägger märke till det

Som tur är har jag en hund som läser mina känslors tecken
långt mera uppmärksamt än någon människa

När jag viftar på öronen gör han det också
Vi förstår varandra precis
Jag hade gärna haft svans också

Fåglar

Gamlingarna sitter och ruggar i sina hålor
utan illusioner om att få nya fjädrar

Allt knotigare fingrar kröker sig som klor
runt rullatorernas handtag

Kropparna blir allt tunnare och ihåligare
Rösten kraxar sig och blicken stelnar

Den tunna huden spänns över kraniet
som snart liknar en forntida rovfågels

Skulpturala skulderblad tränger fram på ryggen
Nu förebådas flykten

De skrangliga armarna ramlar av
och skulderbladen skjuter plötsligt fart

Nu har stunden kommit

På överväldigande vingar lyfter gamlingarna
och flyger majestätiskt bort till sina hem i skogen

Armé

För enkelhetens skull
har jag inrättat en egen frälsningsarmé

Att få bli kallad *general Beckman*
är roligt men inte huvudsaken

Det roliga är (inom parentes)
att min namne, general Beckman,
sköts år 1909 under tsarens besök i Stockholm
av en anarkist, som i Kungsträdgårdens mörker,
på grund av det guldsmidda följet misstog honom för tyrannen

Eftersom jag inte tror att vi är släkt
kan jag inte göra anspråk på en del i denna ära

För övrigt har jag, i likhet med min pappa,
diskret identifierat mig med anarkisten Vång som sköt.
Han tog sitt liv, men lämnade en lapp med texten:
"Död åt präster och folkskollärare som håller folket i mörker!"

That's The Spirit!

Huvudsaken för min privatarmé
är att frälsa mig från ondo
under den tid jag har kvar att leva

Den består av fyra truppslag:

    ordmakare,
    musikmakare,
    bildmakare och
    sällskapsmakare

I det sista ingår inte bara barn, barnbarn, släkt, vänner, lekkamrater
och före detta fruar. Där ingår allt jag delar mitt liv med
inklusive hunden, sudoku, grannar, snus och pelargonerna
    -    för att nu inte tala om havets blåa längtansfulla armar

Dessutom finns
    -    precis som i den franske kungens här
ett kompani med spefåglar, knorrhanar, barlärkor,
tobaksgrisslor, rödvinstrastar, runkmesar,
knäppgökar, skränfockar, nötskrikor
och en hel pluton
med sprallkråkor, dårfinkar och uppskärror

Deras uppgift är att sjunga medan jag gräver långa gångar
för att metodiskt underminera den kapitalistiska civilisationens
filosofiska grundvalar

Min frälsningsarmé bevarar mig från frid
Den ska skydda mig från livets alla fiender

Särskilt emot dem som inte känner till
något annat allvar än lydnadens och gravens
Dessa dödens profeter som sedan årtusenden predikat
      underkastelsens frid
      det stoiska lugnet
      och nirvanas glömska

Armén ska också söka skydda mig mot vanmaktstroll
som i min egen skymning
stiger upp ur den långsamt förtvinande hjärnan

Halka

I vrede färgade kung Kristian torget rött

med ohörsamma undersåtars blod

Den trägne bödeln halkade omkring i sörjan

Nu färgas torget åter rött av julmadammer

som tindrande i brokigt vadmal söker kränga

all möjlig hemslöjd inför årets högtid

I snömodd halkar rädda åldringar bland stånden

På kullerstenen biter ingen brodd. De fruktar

att också de kommer blir kvar på torget, badande i sitt blod

Pigg

Man behöver inte vara medelålders
för att plötsligt befinna sig i en mörk skog

Mörkt i skogen kan det bli i alla åldrar
och vid alla tidpunkter på dygnet

För några år sen blev det mörkt ett slag
Jag fick leva på en kost av schackproblem och ädelmod

Men sen piggnade jag till igen
Jag blev jättepigg

För att kunna vila obekymrad i sitt pigg
bör gåvan helst bevaras bakom ryggen

som om du bara tacksamt hängde med
när livet passar på att leva med dig

Finns i sjön

Som kropp betraktad är jag rädd
att jag i förtid ska förvandlas
till ett paket på vårdens godsinlämning

Som person betraktad är jag rädd
att när jag närmar mig den bortre parentesen
så kommer jag bli stygg och ful och dum

Men som själ betraktad är jag inte rädd
för att jag inte känner vederbörlig oro för
att jag sen länge kommit bort på posten

Min kropp och min person är mina egna
Men min själ den finns i sjön
bland alla andras själar

Sv psalm 249

Av alla morbida nöjen

är planeringen av din egen begravning

ett av de allra roligaste

Det ett förbjudet, nästan skamligt nöje

som att kika på porrbilder eller ropa "skål" vid nattvarden

Men det är oemotståndligt

Samtidigt som leken sänker dig

till sin barnsligaste nivå

stiger din gråtmilda själ mot höjderna

Aldrig har gravallvaret fyllt dig med sådan vällust

som när du väljer psalmer

till din egen begravningsakt

Absurditeten i, att likt Huckleberry Finn och Tom Sawyer

vara närvarande vid sin egen dödsmässa

om än blott i andanom, bekommer dig föga

Tokigheten ger sig för ett glödande rättspatos
Min död är min! Min sista sak i världen!
Därför är också min begravning min!

Själv tänker jag tubba mina efterlevande
att sjunga "Blott en dag" trots att texten
inte passar för en hedning

När jag ensam sjunger den vackra visan
strömmar varma tårar på min kind

Inte för tanken på min egen död, eller för andras
eller i förtvivlan över det minsta

Jag gråter glad
mitt i det fria språnget
över till alla själars hem i världen

Ord

När dina ord försvinner
finns inga vägar kvar att gå

Först bestod du inte alls av ord
sen blev du människa

Nu består du nästa bara av ord
och lite värk och yrsel

Så länge orden håller kvar dig i sitt grepp
slipper du störta i kaos

Morgonpsalm

Efter Sv Psalm 201

En vänlig varelses andedräkt
emot mitt ansikte strömmar
var morgon när han mig varsamt väckt
ur mina vint vindlande drömmar
Hans trogna blick, hans varma tass
hans svala nos som siden
förkunnar frukosttiden

Passa på

På väg till badrummet för att hämta tidningen

ser jag några kläder på golvet som jag glömt ta rätt på

Jag passar på att lägga kläderna på sin plats

När jag sen kommer till badrummet

har jag ingen aning om varför jag är där

Jag känner en svag odör från soppåsen i köket

Den måste ner till soprummet.

Om jag ändå ska ner för alla trappor

kan jag passa på att gå och handla

När jag kommer hem från affären står påsen kvar i köket

Mot bättre vetande passar jag på att kolla mejlen

i väntan på att stekpannan på spisen ska bli varm

Efter en stund börjar brandvarnaren att tjuta

Under en modstulen period tänkte jag

att det på min gravsten skulle stå

Han levde av artighet och dog av slarv

Numera lever jag bara vederbörligen av artighet

Jag tror till exempel inte längre att jag måste överleva mina barn

Däremot har rädslan för att dö av slarv stegrats ofantligt

Jag måste passa på att leva

innan jag snubblar utför trapporna

Jag får passa mig jävligt noga!

Gå i barndom

Min mamma Gunnel blev nästan 94 år
De sista veckorna i livet hade hon upptäckt
att hennes tankar kunde gå i barndom

Sedan hon, som alltid, klart och ledigt klarat av
att vänligt, vaket konversera
om hälsa, barnbarn och vad som sagts på radion
började hon entusiastiskt att berätta minnen,
 - med en otrolig skärpa,
från en vistelse på pensionat när hon var elva år

Hon hade häpet upptäckt att hon kom ihåg
allt vad som hade hänt där, dag för dag,
vad som hade sagts, vilken mat man fick,
hur mönstret på tapeterna i hennes rum såg ut
och särskilt lekarna hon lekte med pojkarna

Mirakelfönstret in det förflutna hade en magnetisk kraft
Hon ville gå tillbaka till det gång på gång

Jag tror att när hon dog hade hon bestämt sig för

att öppna fönstret

och våga ta det sista steget

in i sin egen värld

Kryss

När jag tittar mig i badrumsspegeln
ställs solidariteten mellan kropp och själ på prov

I mina tonår undrade jag varför jag måste se ut så där
men med tiden fick jag lov att finna mig i det

Nu undrar jag samma sak igen
särskilt om jag har glasögonen på mig

För att lugna själen har jag med ett läppstift ritat
ett illrött kryss från hörn till hörn på spegeln

Tack vare krysset tror jag inte längre
att bilden måste tas på blodigt allvar

Påse

Om du fortfarande tror att livet är som en påse
kommer du sannolikt få för dig
att du borde plocka ur en massa bråte

>Gammalt groll
>Alla numera inhiberade livsplaner
>Gnagande besvikelser och brott
>Obsoleta samvetskval
>Spefullt grinande blamager

Kanske tänker du dig käckt,
att du med lätt bagage,
och med en glad och glättig min
>-   rent av joddlande
ska anträda de sista årens vandring
längs avgrundens sluttningar

Det får du gärna!

Det är kul och värdefullt att rensa påsen
du får en ledigare relation till ditt förflutna

Om påsen slutar gnälla, morra, yla
kan du rentav få en glimt av livet som det var

I avspänd glädje och med spänt intresse
kan du försöka lägga pusslet om dig själv

Hur mycket skräp du har i påsen spelar dock mindre roll
förr eller senare går botten ur i alla fall

Jag har ännu ingen lust att se mig över axeln
och snitsla stigarna där barn jag gått

Trots att det verkar barnsligt vid min ålder
så hägrar framtiden alltjämt i ljuset
av flera tusen gröna mil

Himmelrik

Din död är din
och därför är också himmelriket ditt
bara ditt – om du vill ha det

Ingen kan säga åt dig - eller någon annan
hur himmelrik *egentligen* ser ut,
eller att det *egentligen* inte finns
Himmelrik har inget med egentlighet att göra
De kan varken hållas för sanna eller för falska

Menar du att din förtröstan ger dig himmelrik
    -    att riket flyter på ditt hav av tillit
förväxlar du psykologiska egentligheter
med metafysiska oegentligheter

Det handlar inte om att tänka, tro eller att känna på ett visst sätt
Det handlar om vad man gör med sig själv

Himmelrik är inte främst, som Freud trodde,
en illusion i konventionell mening – en förvillelse
i form av projektivt önsketänkande

Himmelrik är en illusion i bokstavlig betydelse
Det är en *förlekning*. Ordet stammar ur *illudere*
som innebär att göra om någonting till lek

Himmelriket står dig fritt i samma mening
som lekens frihet under en stund av glädje
har fört dig utanför egentlighetens gräns

Alla människor vet att det bästa
    -    och det konstigaste som finns
är att gå upp i och försvinna i en lek
Det är ungefär så himmelrik är funtat

*

En rolig lek för oss gamlingar
under vindstilla sommarkvällar
eller vid te och mackor framför brasan
är att jämföra våra himmelriken

Vad vill du ha?

    Kanske en sagoskimrande idyll
    där dina kära döda kommer ut ur sina söta stugor
    och springer skrattande emot dig
    med famnen full av tårtor?

Vill du istället finna lustens Eldorado
där du i ljuva älskares och älskarinnors armar
och vid de överdådigaste tafflar
får allt som du i livet har gått miste om?

Kanhända ser ditt rike ut som Lennart Hellsings
där Krakel och Spektakel och Kusinen fixat till
ett himmelsk Gröna Lund, där alla flyger fritt
och alla spelar sina instrument

Om du så vill, finns också Dantes paradis
där andarna går av och an och stirrar
med en gudomlig blick i hänförd salighet
och sjunger överjordiskt vackra hymner

Hur just ditt himmelrik ser ut
måste du bestämma själv
Det finns ingen postorderkatalog att bläddra i
Ingen annan än du själv kan bygga det

Det enda material som finns till hands är själens glädje

Varde ditt rike!

Vitalism

Även ett gäng hysteriska hönor
kan finna ett korn av sanning

Tagen ur sitt brutalt bruna sammanhang
är *Kraft durch Freude*
ingen dålig slogan

Numer skulle den till exempel kunna passa bra
inom den kommunala äldreomsorgen

Det finns inget speciellt tyskt med glädje
även om det var Schiller som började hojtandet

Också på 1930-talet var vitalismen kul ibland
när en halv generation av unga manliga författare
formligen ylade av osedlig livskraft

Inlandet

I ett inlands martinsonska skymning
flockas gamlingar vid insjöns strand
Tungfotat makar de sig närmare varandra

Den svala luften mättas
av deras väntans glosögda förvissning

När natten kommer skrider de ljudlöst ner
genom den silversvarta vattenspegeln
och försvinner spårlöst under ytan

Rakt på sak

Kolingen är omtänksam mot en kvinna
som sitter och hostar på en bänk

Sa ru kola?
-    Nej, det är ingen fara!
Va hette ru?
-    Eva!
Va bo ru rå?
-    I Skarpnäck!
É ru re rå?

Morbror

En olycksalig vaccination omkring 1920
ledde till att en morbror fick hjärnhinneinflammation

Hans själ förblev en sjuårings i nästan 50 år
För det mesta var han pigg och glad och snäll
Som bäst bestod hans liv av maskerad och godis

Han dog till slut när han fick höra en historia
som var så himla kul att han skrattade ihjäl sig

Jag hoppas det är ärftligt

Kant

Om du kommer ihåg Kants kategoriska imperativ
så kan du glömma det igen
Du ska också glömma bort hans lära
om att etik och estetik kan tydligt separeras

Viljan att göra det fint för varandra
är både *Det Godas* och *Det Skönas* grund

I praktiken hänger allt som vanligt på
vilka som räknas till varandra

Snapsvisa på hemmet

Efter *Fredmans epistlar* No 43

"Värm mer öl och bröd"

Fort sill, ost och bröd!

Tag brännvin fram, Theresa!

Här på min sista resa

vill jag se min stora näsa

…. *(här tas supen)*

illen röd!

Bemötande

Kärlek, såthet, vänlighet är ena ändan av en skala
I andra ändan fan finner misstro, kyla, hat
I mitten finns hövlighet

Den här skalan korsas av en annan
i vars ändar finns beundran och förakt
Mitt emellan finns respekt

I avvaktan på frihet, jämlikhet och broderskap
har alla rätt att kräva att bemötas
med hövlighet och med respekt

Upphetsning

Klädda i endast sin barndoms livstycken
drar ett gäng av vilda panschisar längs Norrmälarstrand

I ett högtidligt tätnande snöfall
går de tjutande lös på verkligheten
med sina gamla hopprep och slangbågar

En efter en slocknar gatlyktorna
men i mörkret gnistrar deras upprorsblickar

De skrattar vansinnigt
när tokiga små vita vingar växer ut på nötta hälar

Nu vänder de sig bort från stan
svävande strax ovan vattenytan
dansar de ut i Riddarfjärdens mörker

Stadshustornets klockor dånar tungt
av teologisk upphetsning

Homo ludens

Jag har varken haft eller behövt en världsåskådning
Nu när lyckats överleva mig
ser jag konturen av en sådan skvader

Jag har läst en filosofisk gök som heter Fink
och med Spinozas hjälp fördjupat mig i glädjen väsen
Jag har också fått lära mig en del evolutionsbiologi
om lekens progressiva mekanism hos kräftdjur

Men främst har jag förändrats av ett dagligt liv
tillsammans med en vänlig, luden och förståndig hund

Han har hittat på en glädjens ritual åt oss på kvällen
där jag ska jaga honom för en strumpa som han knyckt
Det är en nattvard där vi leker att vi leker
för att betyga vänskapens bestånd och världens

Därför har jag sent i livet övervägt att konvertera
till ludendomen – lekens världsåskådning

Generad

Min pappa dog en dålig död i hastigt missmod

Den där lunginflammationen skulle han ha klarat av
om han hade koncentrerat sig på saken

I stället låg han lam i skräck och skam
av det brutala mötet med sin svaghet

Han dog sig undan djupt generad
både på egna och på andras vägnar

Jag borde skrikit åt honom så högt jag kunde
men även jag var övermannad av genans

Kastanj

Kastanjen kastar ädelstenar
i glänsande mahogny mot dig

När de träffar ska du ropa "anj"
så att trädet hör att du är tacksam

Du har fått en nådegåva
som du ska bära hela året i din ficka

Den skyddar dig mot skrymt och skrå
som kurar i förståndets skrymslen

Hank och stör

Livhanken sitter på insidan av livrockens krage
Om den går av kan du inte längre hänga upp dig själv någonstans
varken i källaren eller i rampljuset

varken i en röd liten stuga ner vid sjön,
eller i en pietetsfullt renoverad bondgård i Toscana

varken i en film på TV som du redan sett många gånger
eller i dina egna allt konstigare drömmar

Det är kaputt!

Under en tid har du visserligen livhanken kvar
men stören har murknat bort

Den förmår inte längre hålla dig upprätt
och du känner dig ungefär som en amöba

Allt osnyggare för dig själv och omgivningen

ligger du i en formlös hög på golvet

Du letar febrilt i dina minnen efter något

som en gång hade sprattlat i dig

något som du åtminstone kan le åt en stund

nu när du inte längre själv kan sprattla

Hela lägenheten börjar lukta unken visdom

Provsvar

Lagom knallar min dag, knäna besvärar mig inte
Hissen fungerar igen, sömnen var skön och lång

Grannarna svarade vänligt på frågan om de kunde passa
hunden en stund medan jag skulle ila mitt öde till mötes

Proverna var okej
Ödet fick vänta ett slag

Förkortad världsåskådning

Ni undrar ev. varför jag talar om lek
på ett lite s.a.s. upphetsat sätt,
d.v.s., som om leken var, s.m.s., allt här i världen

Så viktig att det passar sig att flaxa med vingarna,
himla med ögonen och sucka menande
som när t. ex. Kärlek, Frihet, Konst, Liv, m.m. kommer på tal

Det beror på att jag allvarligt lutar åt det hållet
bl. a., p.g.a. att leken är den gemensamma nämnaren för
och t.o.m. själva kvintessensen av
kärlek, frihet, konst och liv

Sent

En gång var det aldrig för sent
både för det ena och det andra
Nu börjar det bli ont om sent
utom för underverk

Din ökande efterfrågan på framtid
är en funktion av det minskande utbudet
Marknadens lagar sover aldrig

Tyvärr ligger det i sakens natur
att utbudskurvan för underverk saknar elasticitet
  -    De kommer inte när du ropar på dem

Om det är underverk du tror du måste ha
ska du sluta inbilla dig
att de kommer ovanifrån eller utifrån

Underverk heter underverk
eftersom de stiger ur ditt eget undre
Endast du själv kan ge dig andrum

Det sägs att bara frälsning och förälskelse
har kraft att lossa dig ur ledans, jobbets eller drogens bojor

Om du aldrig tvingats besluta dig för dig själv
   -    så kan det nog stämma
Då är alla fångenskaper utbytbara
men några är, förvisso, mycket bättre än de andra

Men du skall icke jaga efter vind
Du skall jaga fram dig själv i ljuset
och gå i ställning för din egen själ

Du måste göra vissa marknadsanpassningar
när kostnaden för att vänta stiger mot oändligheten

Du måste börja ta första bästa

Du måste börja ta det osäkra före det säkra

Du måste börja ropa hej innan du är över bäcken

I det sakligt korta, men andligt långa lopp som återstår

är det viktigare att ropa hej och hoppa

än att hamna på andra sidan bäckar, som inte ens är dina

Du som hela livet rastlöst investerat i din framtid

får nu beskedligt finna dig i att det är konsumtionsdags

Lite förvånad inser du, att du i alla år

fått lära dig att tänka på livet som en fritidssyssla

Försök komma ihåg att du en gång som barn

hoppade in i världen och ner i sjön

med alla dina sinnen vitt uppspärrade

Om du anstränger dig lite,

vet du om du lever som du vill

eller av ren hygglighet

Det handlar inte alls om att du är tvungen
att besöka karnevalen i Rio, eller gå på kurs
för att visa att du vet hur man gör som pensionär

Tvärtom!

Det handlar om att sluta vänta
Att skjuta nästan alla dessa vuxenspel åt sidan
och börja om på egen kula

Snart försvinner den i sitt hål!

Från och med nu måste all din glädje
tas ut i förskott!

Lägga sig

Innan jag började tänka på allvar
gick jag och la mig ordentligt

Nu måste jag fösa mig själv i säng
som ett barn som jagas av sin fruktan
att den fria världen ska gå under
så fort man släpper taget om den

Sansat

Du förväntas uppträda sansat livet ut
Du ska inte flippa ut i gränsområden
där varken andra eller du själv känner igen dig

Du ska inte visa ångest eller leda
Bli inte hysterisk när du ånyo glömt din portkod
Extas passar sig inte i din ålder
Du får till exempel inte skratta obehärskat

Blir du utom dig av överjordisk frid
förväxlas detta lätt med lugn och självbelåtenhet
och folk proppar inte i dig lika mycket psykofarmaka
som i de första fallen

Det dovt malande samspelet mellan ångest och leda
dövar du genom att prata med vanliga människor
dock inte så mycket att de börjar undvika dig

När du har blivit riktigt gammal löser det sig automatiskt
Livet börjar tröttna både på dig och på sig självt

Då kan du dö
kanske inte just i frid
men säker på
att det är dags

Musik

I min barndom gick jag ofta till en udde i sjön
Där stod en vittrande gravsten i gräset

Här det jordiska av Kraus
Det himmelska lever i hans musik

Det var vackert och högtidligt

Alldeles nära fanns en finfin kälkbacke
och massor av vitsippor på våren

Alltsedan Gud har avflyttat till okänd ort
håller musiken alltjämt Himmelen på plats

Tur och retur

När du krupit ut ur livmodern skrek du i högan sky
inte av lycka, smärta, rädsla eller av allmänt missnöje
utan för att klara strupen inför ditt första scenframträdande
- att ta ditt första andetag

Att du nu blivit så gammal är inte din förtjänst
Banalt nog beror det på att du ännu inte blivit avlivad
av någon hemsk sjukdom, något krig, av svält och kyla
eller av någon tegelpanna som ramlat i din riktning
- tids nog blir du det

Biologiskt är ålderdomen ett ganska illa genomtänkt avvecklingsprojekt
Förmågor, funktioner, minnen och kroppsdelar
ramlar planlöst av på vägen

Du kan se det som baklängesversionen av din egen uppväxt
som pågår ända intill dess att du förenar
det första andetaget med det sista

Vill du ha med dig varma aningar på vägen
så kan du se ditt sista andetag som tecknet på
att det är dags att åter krypa in i livets mittpunkt

Hänga med

När flickan från hemtjänsten rusar in i lägenheten
med håret på ända och skriker:

-   Putin har störtats!
ska du inte låtsas att du aldrig hört talas om honom
och inte heller fräsa

-   Det skiter väl jag i!
bara för att du akut behöver hjälp med något

Du ska i stället säga

-   Vad fin du är i håret!

När hon stirrat på dig en stund
faller hon kanske, med ett leende
ner ur sin uppskruvade hängamedvärld
tillbaka in i närvaron

där kaffet, av någon anledning, alltid snart är klart
och bullarna lyser ur allas ögon

Kompromiss

För säkerhets skull borde jag ha stövlar på mig när jag sover
riktiga karlar har det när de dör
men det är besvärligt och lakanen går sönder

Att sova i tofflorna är visserligen ganska bekvämt
men det gör inget fördelaktigt intryck när jag hittas död

Som kompromiss sover jag därför i mina dansskor
Det borde impa lite och det ger mig vackra drömmar

É sån

Om du tycker att jag är påstridig
och säger saker som jag inte vet något om
kan jag berätta att jag é sån

Min pappa lärde mig att man ska kunna allt
även om han själv gick bet en gång
Det var under utflykten på Djurgårn,
där han inte lyckades att hitta Rosendal
För att förklara denna gåta sa han:
- Äsch vad dum jag är,
    det stod i tidningen i fjol
    att slottet brunnit ner!

Numera är jag också sån
att jag går mitt i gatan
för att inte ramla ner i diket
eller snubbla på trottoarernas brunnslock

När polisen försöker fösa bort mig ropar jag högt:
- Akta re Sigge!
Hä komme re en galen panschis, sörru!
- Han smittar åsså!"

Ordförklaringar och noter

s. 8, *Boul' Mich* är kortform för Boulevard Saint-Michele i Paris.

s. 23, *Lambarfjärden* är utsikten från Svantes arbetsrum i Hässelby Strand.

s. 28–29, citatet är hämtat från Stagnelius "Suckarnes mystèr" såsom dikten återges i Projekt Runeberg [www.runeberg.org]. Hämtad den 1 juli 2024.

s. 33. *Ars longa* betyder "konsten är lång", brukar skrivas tillsammans med *vita brevis*, livet kort.

Om denna skrift

Den 20 december 2023 skickade Svante ett manus till diktsamlingen *Vissna glad* till Ulf Sandström. Hans avsikt var att göra en sista bearbetning men krafterna räckte inte till. Här återges dikterna så som Svante tänkte sig dem vid årsskiftet 2024. Vi har varligt korrigerat skrivfel, stavfel och upprepade ord samt följt de fåtaliga instruktioner Svante gav under tiden för sin sjukdom.

Utgivningen av dikterna har finansierats med benäget bistånd från följande personer: Lena Beckman samt barnen Jenny, Tom, Mimmi och Jakob. Vännerna Göran och Gun Graninger, Lars och Margareta Ingelstam, Ulla Riis och Torbjörn Hedberg, Anders L Johansson och Anna Gudmundsson.

Magdalena Hillström & Ulf Sandström

6 juni 2024